AF498971

13 mai 99

P

OBJETS D'ART

ET

D'AMEUBLEMENT

DES XVIIe ET XVIIIe SIÈCLES

TRÈS BEAUX VASES RÉGENCE AVEC MONTURES EN BRONZE

ATTRIBUÉES A CAFFIERI

Pendules Louis XVI

MEUBLES ANCIENS

TAPISSERIES LOUIS XV ET GOTHIQUES

TABLEAUX

EXPOSITION

LE VENDREDI 12 MAI 1899

COMMISSAIRE-PRISEUR

Me E. BOUDIN

102, rue Richelieu

EXPERT

M. B. LASQUIN

12, rue Laffitte

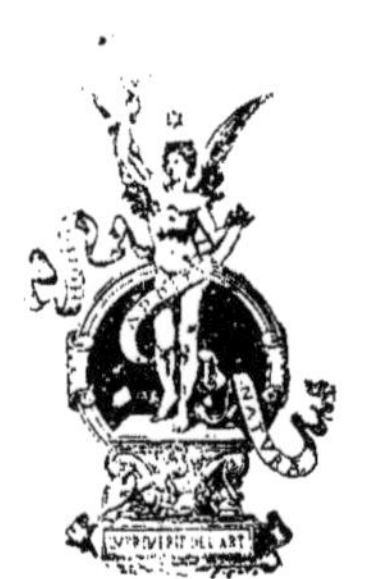

CATALOGUE

DES

OBJETS D'ART

ET

D'AMEUBLEMENT ANCIEN

DES XVIIe ET XVIIIe SIÈCLES

TRÈS BEAUX VASES EN ANCIENNE PORCELAINE DE CHINE

Avec riches montures en bronze attribuées à Caffieri

PORCELAINES DE SAXE, BRONZE D'AMEUBLEMENT

BELLES PENDULES LOUIS XVI, dont une de Lepaute

SCULPTURES EN TERRE CUITE ET EN MARBRE

BEAUX FAUTEUILS LOUIS XIV EN TAPISSERIE

MEUBLES ANCIENS, CADRES LOUIS XIV & LOUIS XV

TAPISSERIES LOUIS XV ET GOTHIQUES

ÉTOFFES, SOIERIES

Tableaux anciens, Toiles décoratives

OBJETS DIVERS

DONT LA VENTE AURA LIEU

HOTEL DROUOT, SALLE N° 1

Le Samedi 13 Mai 1899

à deux heures 1/2

COMMISSAIRE-PRISEUR	EXPERT
Me E. BOUDIN	**M. B. LASQUIN**
102, rue Richelieu	12, rue Laffitte

EXPOSITION PUBLIQUE

Le Vendredi 12 Mai 1899, de une heure et demie à cinq heures et demie

CONDITIONS DE LA VENTE

Elle sera faite au comptant.

Les acquéreurs paieront *cinq pour cent* en sus des adjudications.

L'exposition mettant le public à même de se rendre compte de l'état et de la nature des objets, il ne sera admis aucune réclamation une fois l'adjudication prononcée.

Paris. — Imp. de l'Art, E. Moreau et Cie, 41, rue de la Victoire.

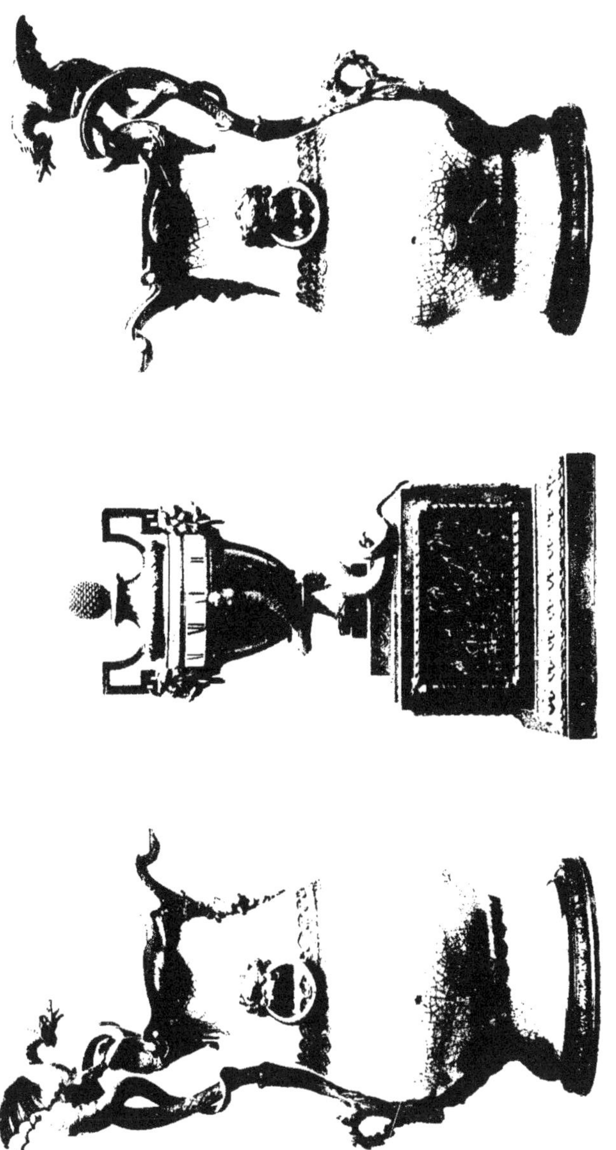

DÉSIGNATION DES OBJETS

PORCELAINES ANCIENNES

MONTÉES EN BRONZE

1 — Deux très beaux vases, en ancien céladon craquelé de la Chine, garnis de riches montures en forme d'aiguières, en bronze ciselé et doré, du temps de la Régence, attribuées à Caffieri ; ces montures consistent en une anse composée de feuillages, d'enroulements et surmontées d'un dragon surélevé, rattaché à l'orifice, terminé en forme d'aiguière, base à moulures de feuilles d'eau. Pièces capitales.

Haut., 50 cent., larg. à la base, 20 cent.

ANCIENNES PORCELAINES

DE SAXE ET AUTRES

2 — Statuette de Cavalier, chasseur Louis XV, montant un cheval cabré, en ancienne porcelaine de Saxe.

3 — Cabaret en vieux Saxe, à décor de bouquets de fleurs. Il est composé de une cafetière, un sucrier, une boite à thé, une petite coupe à sucre, un bol, neuf tasses et deux soucoupes.

4 — Un petit hanap et une cuvette en vieux Saxe, décor à bouquets de fleurs.

5 — Trois tasses et leurs soucoupes, en ancienne porcelaine de Mennecy, à décor d'oiseaux.

6 — Deux petits vases appliques, en ancienne porcelaine de Chine, fond rouge de fer à réserves, de figures et de fleurs émaillées en couleur.

7 — Vase cylindrique, en porcelaine de Chine, décoré d'oiseaux.

BRONZES D'AMEUBLEMENT

8 — Pendule du temps de Louis XVI, en bronze ciselé et doré, de Lepaute, en forme de vase, contenant un cadran tournant, sur lequel un serpent enroulé marque les heures. Socle carré à moulures de bronze ciselé, garni de plaques en marbre vert de mer. Sur la base se lit la signature de Lepaute.

Haut., 45 cent. ; larg., 24 cent.

9 — Belle pendule de l'époque Louis XVI, en bronze ciselé et doré, modèle à cage avec montants can-

nelés à volutes feuillagées, offrant sur la face un trophée à carquois et flambeau, dans une guirlande de laurier retenue par un ruban. Elle est surmontée d'un vase et de quatre pommes de pin. Le cadran est au nom de Le Nepveu, à Paris.

Haut., 54 cent.; larg., 29 cent.

10 — Pendule, de l'époque Louis XVI, en marbre blanc et bronze doré, représentant l'Amour et l'Amitié; le cadran au nom de *Lépine*; le socle entouré par une draperie avec couronnes et mascarons; têtes de faunes aux angles. Contre-socle en marbre noir.

Hauteur totale, 40 cent.
Largeur à la base, 29 cent.

11 — Pendule Louis XVI en bronze doré; le mouvement supporté par des consoles volutes, orné de deux mufles de lions sur les côtés, et surmonté d'un vase.

12 — Pendule, de l'époque Louis XVI, en bronze ciselé et doré; base à enroulements et rosaces, surmontée d'une figure allégorique de l'étude, assise et lisant, en bronze patiné. Cadran au nom de *Pecquat, à Paris*.

13 — Paire d'appliques, de l'époque de la Régence, à deux lumières, en bronze doré, composées de feuillages et de branches enroulées.

14 — Presse-papier Louis XVI, formé d'un renard en bronze patiné, sur socle en bronze doré.

15 — Deux garnitures de portes avec serrures, de l'époque Louis XVI, en bronze ciselé et doré, à moulures, rangs de perles, et attaches formées de feuillages.

16 — Deux chenets de style Louis XVI, modèle à vases-cassolettes sur fûts cannelés, à consoles volutes, avec galerie ajourée.

17 — Bas-relief, en bronze de style Louis XIV, représentant Jésus descendu de la croix, étendu sur les genoux de sa mère.

SCULPTURES

18 — Terre cuite. Buste d'enfant, du commencement du XIXe siècle. L'inscription suivante, gravée à l'ébauchoir, se lit sur le socle : *Prez. Marc Ruel, agé de 9 ans, fait en 1803.*

19 — Terre cuite. Buste d'enfant analogue au précédent. Sur le socle on lit : *Cte Ruel, agé de 6 ans, fait en 1803.*

20 — Terre cuite. Buste présumé de J.-J. Rousseau, XVIIIe siècle.

21 — Marbre blanc. Buste de Bacchus, grandeur nature, XVIIe siècle.

DIVERS

22 — Deux plaques en émail de Limoges, de J. Laudin : Figures religieuses. Signature au revers. Et plaque en émail de Limoges, de Laudin : Sainte Thérèse.

23 — Trois émaux de Limoges : Saint Jacques et deux têtes d'empereurs romains.

24 — Bourse, avec plaque, en émail de Limoges : Figure de saint Louis, en grisaille, dans un entourage de fleurs.

25 — Important nécessaire de toilette en vermeil ciselé et gravé ; dans son écrin.

26 — Petit buste d'empereur romain, en bois sculpté, avec chlamyde en ébène sculpté.

27 — Portefeuille ancien en cuir vert doré aux fers. Au nom de M. d'Azemar de Labaume, sous-préfet.

SIÈGES ANCIENS

28 — Huit beaux fauteuils de l'époque Louis XIV, grand modèle à dossier carré, en bois de noyer sculpté, garnis d'ancienne tapisserie représentant des corbeilles et des vases de fleurs et de fruits dans des encadrements d'entrelacs ornés de feuillages.

29 — Quatre fauteuils de l'époque Louis XVI, à dossier ovale, en bois noir et or, garnis d'ancienne tapisserie à figures d'enfants bergers sur les dossiers et fables de La Fontaine, sur les sièges, dans des encadrements à fleurs et rubans.

30 — Deux fauteuils Louis XVI, de même modèle que les précédents, ceux-ci garnis de fine tapisserie ancienne à larges pavots et oiseaux.

31 — Deux grands fauteuils de l'époque Louis XIV, à hauts dossiers en bois de noyer sculpté, garnis d'ancien damas de soie rouge.

32 — Chaise-longue Louis XVI, en bois doré, pieds cannelés en spirales, garnie de lampas à larges feuillages sur fond rouge.

33 — Deux grands divans Empire, recouverts de velours à ornements en jaune sur fond marron.

34 — Deux fauteuils et deux chaises, gondoles du temps de l'Empire, en acajou, ornés de dauphins sculptés et dorés.

MEUBLES ANCIENS, CADRES

35 — Deux tables servantes à rafraîchissoirs du temps de Louis XVI, en bois d'acajou, à pieds contournés reliés par une tablette, le dessus, en marbre blanc, est entouré d'une galerie de cuivre.

Ces deux meubles auraient appartenu à Marie-Antoinette, dans la prison du Temple.

26 — Table de nuit de l'époque Louis XVI, en acajou, de forme ronde, cannelée, elle repose sur trois pieds volutes sculptés à feuilles d'acanthe reliés par un entrejambe et garnis de sabots en bronze doré. Le dessus de marbre blanc entouré d'une galerie de cuivre.

Ce meuble proviendrait de Marie-Antoinette.

27 — Grand lit de parade de l'époque Louis XIV, avec garniture composée de rideaux de lambrequins d'un dessus de lit en velours rouge enrichi de broderies et de galons d'or à ornements volutes et festons.

28 — Belle console Louis XV, en bois sculpté et doré, à deux pieds contournés, reliés au bas par un motif orné d'un dragon, la ceinture ajourée à rocailles, feuillages et guirlandes de fleurs. Dessus de marbre.

29 — Régulateur de style Louis XIV en marqueterie de cuivre sur placage d'ébène, garni de bronzes.

30 — Pendule en marqueterie de cuivre, modèle de Boulle avec figure du Temps au bas et amour à la partie supérieure, en bronze doré.

31 — Table de nuit Louis XV en bois satiné et de violette.

12 — Chiffonnier Louis XVI à sept tiroirs en bois de placage.

13 — Table support Louis XV en bois noir garnie de bronzes.

14 — Grand cartel Louis XVI en bois sculpté et doré en partie.

15 — Grand encadrement de glace de cheminée de l'époque Louis XVI à moulures, feuillages et enroulements en bois doré sur fond peint en gris.

16 — Cadre Louis XIV en bois doré.

17 — Cadre de l'époque Louis XV en chêne sculpté et doré, à ornements rocaille.

18 — Cadre de l'époque de la Régence en bois sculpté, à écoinçons coquilles, fleurs et feuillages.

TAPISSERIES ANCIENNES

19 — Tenture en tapisserie d'Aubusson du temps de Louis XV, composée de quatre panneaux et de deux fragments, offrant des paysages maritimes avec figures dans le goût de Joseph Vernet, encadrés par des colonnes entourées de fleurs

et reliées par des guirlandes avec nœuds de rubans :

1° Le Chien savant, deux figures ;

Haut., 2 mètres ; larg., 2 m. 30 cent.

2° Le Marchand d'esclaves ;

Haut., 2 mètres ; larg., 2 m. 15 cent.

3° La Cuisine des pêcheurs, quatre figures ;

Haut., 2 mètres ; larg., 1 m. 95 cent.

4° Trois Pêcheurs et une femme au bord de la mer ;

Haut., 2 mètres ; larg., 2 m. 15 cent.

5° Débarquement de Pêcheurs (deux fragments).

Haut., 2 mètres ; larg., 1 m. 15 et 1 m. 20 cent.

60. ~~50~~ — Deux encadrements en tapisserie moderne de même style.

51 — Trois jolies tapisseries de l'époque Louis XV, à sujets pastoraux dans le goût de Boucher, entourées de bordures enguirlandées de fleurs :

1° Le Goûter ;

2° Le Bal champêtre ;

3° Le Batelier, celle-ci en deux parties.

52 — Tapisserie Louis XV offrant dans un paysage

boisé, la figure allégorique de Cérès, accompagnée d'un amour.

53 — Deux panneaux en tapisserie française du XVIe siècle, avec figures à riches costumes et armures, l'une représente le portement de croix, l'autre le Calvaire. Elles sont encadrées de colonnes reliées par des ornements dans le haut, se rattachant à deux écussons armoriés et au bas par des bordures à fleurs, feuillages et rubans.

54 — Portière en tapisserie de Flandre, à sujet de paysage avec berger et moutons.

55 — Bandeau en tapisserie de la fin du XVIe siècle, à fleurs et figures.

56 — Petit tapis persan du XVIe siècle, fond rouge à ornements en couleurs et entouré d'une bordure.

57 — Fragment d'ancien tapis de Perse, fond rouge avec bordure sur trois côtés.

ÉTOFFES ANCIENNES

58 — Très beau couvre-lit en ancienne broderie de soie bleu et d'or, sur satin crème, à entrelacs de feuillages et bordure à rinceaux.

59 — Couvre-lit en brocart et soierie brochée, de

l'Époque Louis XVI, à fleurs en couleurs et encadrements fond bleu brodé d'argent.

60 — Couvre-lit en soierie et brocart du XVIIIe siècle, fond rose avec encadrement de fleurs sur fond vert clair et crème.

61 — Couvre-lit en ancien damas jaune à bordure festonnée.

62 — Trois lambrequins de lit en ancienne soirie imprimée et soutachée.

63 — Chasuble du XVIe siècle en très beau velours rouge ciselé avec du drap d'or à fleurons encadrés dans des médaillons, doublure en damas rouge.

64 — Chasuble en brocatelle à dessin vert sur fond jaune avec bande en application sur fond de satin rouge ornée de trois médaillons de figures : le Christ, Saint-Pierre et la Vierge en broderie de soie.

65 — Chasuble en velours ponceau avec bande de broderie d'or sur fond de satin rouge à ornements en candélabres et cinq médaillons de figures en broderie de soie.

66 — Chasuble en très riche brocart d'or, galonné d'argent.

67 — Chasuble en velours rouge du XVIe siècle avec bande en broderie d'or à motifs d'ornements et deux médaillons à sujets religieux.

68 — Deux lambrequins en soie brochée et brodée du XVIIIe siècle : fleurs et encadrements contournés, bordure en peluche.

TABLEAUX

DESPORTES (Attribué à)

69 — *Panneau décoratif.*

Sur une console, à dessus de marbre, surmontée d'un grand vase enguirlandé de fleurs et de fruits, sont posés un jambon, des pastèques, un plateau de verrerie. A droite et à gauche, un chien et un chat. Fond, de grands arbres.

EISEN (Attribué à)

70 — *Les Petits Ramoneurs.*

71 — *Scène enfantine.*

Deux pendants dans des cadres Louis XVI en bois sculpté.

ÉCOLE FRANÇAISE (Genre de Largillière)

72 — *Portraits d'une Dame et de sa Fille.*

73 — *Portraits d'un Gentilhomme et de son Fils.*

Deux pendants.

VESTIER (Attribué à)

74 — *Portrait d'Homme, en buste, en habit vert.*

Forme ovale.

X

75 — *Louis XIV dans les appartements de Versailles.*

ÉCOLE ITALIENNE

76 — *Femme jouant du luth.*

ÉCOLE FRANÇAISE (xviiie siècle)

77 — *Portrait de Femme en buste.*

ÉCOLE HOLLANDAISE

78 — *Paysage avec sujet : Tobie et l'Ange.*

79 — Grand vidrecome allemand, forme cylindrique avec couvercle en verre, décoré d'un blason en couleurs et inscriptions.

80 — Grand vidrecome analogue au précédent, celui-ci décoré de cartes à jouer.

81 — Fables choisies mises en vers par J. De La Fontaine, 4 volumes in-f°, avec gravures de J.-B. Oudry, Paris, 1759.

www.ingramcontent.com/pod-product-compliance
Ingram Content Group UK Ltd.
Pitfield, Milton Keynes, MK11 3LW, UK
UKHW020537180726
13839UKWH00006B/2568

9 782329 500621